JN160408

マンガでまる分かり！

1時間で身につく お金の教養

―貯まる法則、増える法則―

泉 正人

受講生40万人以上！
日本唯一のマネースクール
「ファイナンシャルアカデミー」代表

作画
備前やすのり

シナリオ
六原三歩（中野エディット）

はじめに

今から約20年前、当時まだ20代のぼくは、お金に苦労する日々を送っていました。
その頃ぼくが住んでいたのは築50年を超えるアパートで、毎日のようにゴキブリが走り回り、ベニヤ板のような薄い壁で囲まれた4畳半の狭い部屋は、まるで隣の住人と部屋がつながっているかのように、しゃべり声が丸聞こえでした。
月末になると、貯金が底をつき、お米と塩だけを食べて過ごす生活。いき過ぎた節約の反動で、給与が入ると欲しいものを買い、また月末には同じ状況が続く。
仕事は嫌いではないけど、頑張っても収入は上がらない。
「毎月あと3万円あれば貯金もできるのに……」と思っているのに臨時収入があったら、結局すべて使ってしまって月末にはお金がない生活の繰り返しでした。

でも、当時のぼくはお金について全く考えていなかったわけではありません。むしろ、普通の人よりもよほど真剣にお金のことを考えていて「お金に苦労しない生活をしたい。お金さえあれば、いろんな夢や願望が叶うのに、お金がないから、自分は思い通りの人生を歩めないんだ」と、いつもそう思っていました。

その間違いに気づいたのは、26才の頃、お金のルールというものを知ったことがきっかけでした。それまでお金について考えたことはあったものの、お金のルールを全く知らなかったぼくにとって、その出会いは衝撃的でした。
未知の世界を知る喜びが楽しくて、ぼくはお金のルールについて熱心に勉強し、やがて学びが深くなっていくと、今まで抱えていた矛盾した悩みや疑問は氷解していくように消えていきました。

たとえば、誰もが悩む次のような疑問もお金のルールを身につけると、自分なりに答えを導き出せるようになっていったのです。

・お金持ちでも不幸な人、収入が少なくても幸せな人がいるのはなぜ？
・将来もらえる年金で生活ができるの？
・生命・医療保険に未加入だと危険？
・家は買った方がいいの？　借りたほうがいいの？

やがて、ぼくの生活も改善していき、お金に振り回されずに自分が描いた未来を実現できるようになりました。そして10年前、それまでぼくが学んできたお金のルールを整理し、体系立ててまとめて一冊の本にする機会に恵まれました。それが「お金の教養」です。ぼくはお金のルールを、使い方から貯め方や稼ぎ方、社会還元までの7つの要素に分け、お金の世界の共通のマニュアルとして誰でも使えるようにまとめました。こうして生まれた書籍は、幸いなことに現在まで続くベストセラーとなっています。

そして、今回は漫画となって物語形式で「お金の教養」を皆さんにお届けできることになりました。（シナリオの六原さん、漫画家の備前さんには大変お世話になりました）

このような形で皆さんに「お金の教養」をお届けできることは望外の喜びです。どうぞ、楽しみにページをめくってください。

あなたが「お金の教養」を高めるための旅がそこから始まります。

泉正人

目次

登　場　人　物

良太

30歳の会社員。
通販化粧品メーカーの社内SE。
年収480万円。
結婚しても浪費癖がぬけない。

カスミ

ファイナンシャル・プランナー。
BARドリームの常連客。
お金にルーズな良太に
「お金の教養」を教え込む。

ハルカ

良太の妻。
この頃、良太の
無駄遣いが
気になっている…。

平田

良太の高校時代の友人。
広告代理店勤務で
金使いが荒い。

マスター

「BARドリーム」の
マスター。
元プロサッカーのGK。
いつも落ち着いた物腰で
良太にアドバイスを送る。

❖

Prologue

「お金の教養」って何？

ハルカ〜
いってくるぞーー
待って待って
良ちゃん！
ん？
パタパタ
お弁当！
すぐ忘れるん
だから！

私の
お弁当って
そんな
存在感無い？
そ、そんなわけ
ないだろ〜〜〜
いつも感謝
してるよ〜

い、
いってきまーす！
バタン
あ…
……

ピンポーン
はーーい
ガチャ
お届け物
でーす
！！

俺 坂井良太(さかいりょうた)
通販化粧品メーカーで社内SEをしている
5つ年下の奥さんハルカと新婚ほやほや1年目!
この日報のシステムが使いにくくて…
フムフム
そこそこ安定した仕事と愛する妻がいてまあそれなりの人生を送っていると思う

いただきま〜す。
やっと
昼休みだ!

ん

おお これは
モナウドの
バロサ在籍時代の
レプリカユニフォーム!!
再販して
いたのか!!
すべて
サッカー
メンズ
レディーズ
キッズ
ベビー
サッカーウェア バロサ
モナウド シャツ(メンズ
5件のレビュー
価格:¥19.800
条件付き配送無料
サイズ
数量
カートに
お届先住所

う〜ん
でもやっぱ
高いよなぁ
二万円
か〜。
ギシッ

ま
ボーナスも
近いしな
数量 1 ▼
カートに入れる
カチッ
お届先住所

ピルルルルッ
ビクッ
ブブブブブ

も、もしもし…
よう、良太
俺だ俺
なんだ
平田か…

いい感じの
スポーツBAR
見つけたんだ
今夜
行かないか？
お金
あったかな
……？
おう、
行く行く！
仕事
終わったら
連絡するわ

INTERNATIONAL CARD

SPORTS BAR
DREAM

ご利用明細
三徳銀行
ご利用いただきありがとうございます。
店番316
お取引内容
※ ※ ※
口座番号
2017-04-12
お取引金額
20.000
120.000
残高
手数料
108
おつり
ゴリヨウアリガトウゴザイマ
う〜ん
今月も
厳しい…

おう、良太
こっちだ

このやろ、
結婚したら
付き合い悪く
なりやがって
もう
嫁さんの尻に
敷かれてんのか？
ぐいっ
そ、
そんなこと
ねーよ！

あれ、
お前また
腕時計
新しくしたのか？
お、やっぱり
わかっちゃうか？
こいつは
悪友の平田
高校時代は
同じサッカー部
一流の人間に
なるには
いいもんを
身につけなきゃな
これ
ブランクミラーの
時計な
パチンコメーカー社長の
御曹司で
今は広告代理店で
いわゆるクリエイティブ職に
ついている

スーツも高そうなの着てるなぁ
上質なものにはお金をケチりたくないよな

そういうことができるように俺もお金貯めたいんだけどぜんぜん貯まんないよ

たいして贅沢してるわけじゃないし収入も増えてるのに
月末になるとお金が足りなくなるんだよなぁ

あとマイホームもそろそろ考えなきゃ…

ん？

おっ！
こないだの合コンで
連絡先交換した
子からだ！
え？

ガタッ
悪い！
行ってもいいか？
むっちゃ
かわいかったんだよ
お、おい

……
ったく…

ワルマーニの
スーツかぁ
あいつは
独り身なうえ
高給取りで
実家も金持ち
だしなぁ……

こうなったら
俺は宝くじで
一攫千金でも狙うか
宝くじで
一攫千金？

そんなこと
言ってるから
お金が
貯まらないのよ!!
典型的な
〝お金の生活習慣病〟ね!!
バーンッ!!
お金の
生活習慣病よ
え？
生活習慣病？
僕まだ30才ですが…

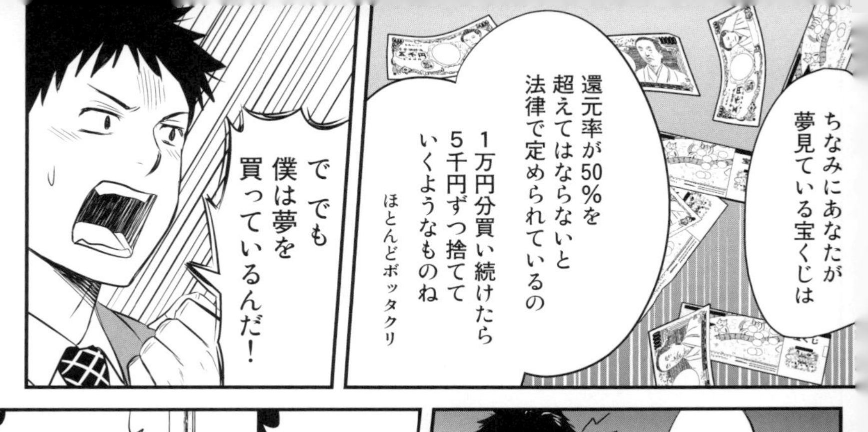
ちなみにあなたが夢見ている宝くじは
還元率が50%を超えてはならないと法律で定められているの
1万円分買い続けたら5千円ずつ捨てていくようなものね
ほとんどボッタクリ
で でも僕は夢を買っているんだ!

夢ね
ま あなたみたいなお金についての知識がない人に言っても仕方がないわね

なんだよ人を馬鹿にしているのかよ?
金は天下の回り物っていうじゃないか!知識云々の話じゃないよ

お金についての正しい知識……
いうなれば「お金の教養」ね

あなたみたいに「お金の教養」がないとお金をうまく使えずにお金に苦労する一生を送ることになるわ

お金で身を滅す人は大勢いる！
そして自分だけでなく家族まで不幸にするの！
ぐっ……
さっきからおカネおカネって
初対面の人間に対してする話じゃないだろ？
恥ずかしいやつだな
お金の話をするのは恥ずかしいことじゃない
それに
どんな高給取りでも「お金の教養」がなければお金の悩みは消えないの

Prologue

解　説

Prologue

「お金のルール」を正しく理解し体得すること

解説

〝お金が貯まる人〟と〝貯金が出来ない人〟、〝お金の不安がない人〟と〝将来を考えると不安になる人〟……その違いは収入の多寡が原因ではありません。

ポイントはズバリ**「お金についての正しいルール」**。**「お金の教養」を身につけているかどうか。「お金の教養」**とはいうなれば**「お金についての正しいルール」**。例えば「宝くじ」は当たると幸せですよね？……だけど還元率が50％以内と法律で決まっているのなら実際には多くの人は損をするはず。そんな知識だって「お金の教養」の一つといえます。

・「マイホームは買うべき？」

・「老後の資金はいくら必要？」

・「生命保険やめても大丈夫？」

なんとなく考えてみたところで、納得のいく答えは見つかりません。

お金の使い方、貯め方、管理の仕方、そしてお金のルールを正しく理解し、体得すること

そうすることで自分にとっての最善の答えが見つかるはずです。

Chapter 1

お金を貯める「2：6：2」の法則とは？

「小さなお金」の使い方

たくさん稼げればお金の悩みだってなくなるだろ！
違うわ！
そうやってお金のことを勉強しないからいつまでも貯まらないのよ！

ハー
ハー
ハー

ま…マスター…

まぁまぁカスミちゃんもそこらへんにね
ドキッ

お客さんも
レディに
そんな言い方しちゃ
嫌われますよ
はい水
は…
はあ
どうも…
!
ブフーッ
あ…あなた
ももも…
もしかして
兵庫ブルーマリーンズの
鉄壁のキーパー…
寺島誠二!?
まぁ…
そう呼ばれた時期も
ありましたね
よくご存知で

寺島誠二
兵庫ブルーマーリンズの
ゴールキーパー
闘志あふれるプレイながらも
正確で死角のない
セービングで
当時決定力不足と言われていた
マーリンズを幾度となく
勝たせてきた
いずれは日本を代表する
キーパーになると
一部ファンから期待されていた
BLUE MARINES

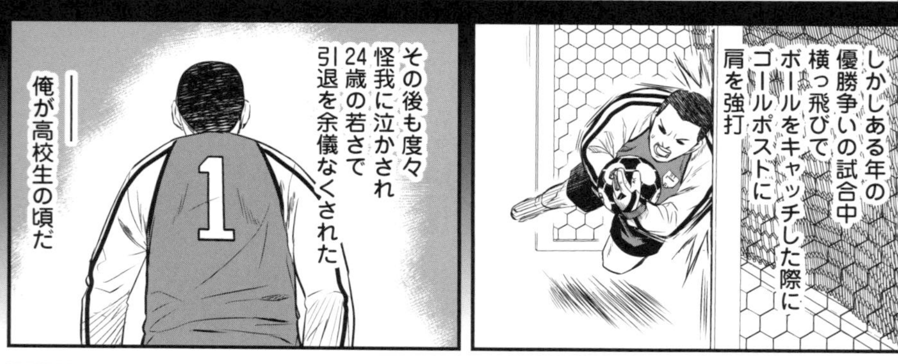
しかしある年の
優勝争いの試合中
横っ飛びで
ボールをキャッチした際に
ゴールポストに
肩を強打
その後も度々
怪我に泣かされ
24歳の若さで
引退を余儀なくされた
1
——
俺が高校生の頃だ

その後は
チームのコーチや
解説者になったという
話も聞かず
何処で
どうしているのかと
思っていましたが
まさか
スポーツBARの
マスターに
なっていたとは…

めちゃくちゃ
ファンなんです!
サインして
ください!!
あ…うん

ちょっと
びしょ濡れじゃない！
どうしてくれるのよ！
ガバッ

ギャァアァァ…

まさかマスターが
寺島さんだったとは…
痛てて…
変な女がいたけど
また平田と一緒に行こう

ただいま～
ハルカ 聞いてくれよー
実は平田とバーに
行ってきたんだけど…
ガチャ

……
……
おかえりなさい

お、
荷物届いてたのか

やっときたか〜
ジャンボ大阪モデルのスポーツバッグに
DVDにトレカ…
そしてモナウドの1/8フィギュア！
スリ
スリ
正規品は
高いんだぜ〜？
バガッ!!
ブッ
ドシッ

どうしてそんなに
ホイホイ
何でも買っちゃうの!?
それに飲みに行ったたって…
独身で高給取りの
平田さんとうちじゃ
全然家計が違うんだよ!?

どうしたんだよ急に
俺にだって
付き合いくらいさ…
オロ
オロ
……
私
赤ちゃんできた
えっ!!?

ほ、本当なのか
ハルカ!?
俺たちに遂に
赤ちゃんが…
コクッ

俺もとうとう
パパに…
良ちゃんに
なれるの?
え?

子供が生まれても
今みたいな
お金の使い方を
続けるんじゃ
一緒に暮らしていく
自信ないよ!!
何度お願いしても
浪費もやめないし
貯金だってしてして
くれないいじゃない!!

そして
自分だけでなく
家族まで
不幸にするわ!

お金の…
教養

ORTS BAR
DREAM

おぉー!!
この前の
無神経女!
うわっ
ちょっ!?
あんたの言う
とおりだった
わ〜〜〜
俺は家族を
不幸にする
ダメ男だったわ!
へなへな〜
そうだ
坂井君
さっき
話してたこと
カスミちゃんにも
話してみれば?
え
こう見えても
カスミちゃん
今は現役バリバリの
FP
(ファイナンシャル・
プランナー)だから

う〜ん

確かにそれじゃ
奥さんも
不安になるわね

俺だって
もっと収入があれば
貯金くらい
できますよ！
うう…

バカ！
貯金できないのは
収入じゃなくて
習慣の問題！
意味わかり
ませんよ！
ワ〜ン
あんたが
〝お金の生活習慣病〟
なの

カスミちゃん
坂井くんは
僕のファンだから
優しくしてあげてね
ハッ

大きなお金

マイホームや車、保険など
総額100万円以上の商品に使う
お金のこと

小さなお金

日常的に支払う
総額100万円以下の商品に使う
お金のこと

まずは小さなお金の使い方に気をつけるのが治療のファーストステップ

それに小さなお金をコントロールしていくと自然と大きな額の貯金になっていくの

金融広報中央委員会の
2016年の調査によれば
金融資産について
「保有していない」と答えた
貯金なしの世帯が
30・9%にものぼる
年収1200万円を
超える世帯も
8・7%は〝貯金なし〟
30.9%
そ、そんなに

年収が高くても
お金を管理する
能力があるとは
限らないのよ
お金の教養の
ある人の
最低限の条件は
預貯金がしっかり
できること

あ、でも
そんなデータ
見たら
ちょっと安心
したかも
自分だけじゃ
ないんだって…
は?
痛っ!?
バッチーン

何甘えてんの！
その危機感の無さに
奥さん怒ったんでしょ!?
ジ〜ン
早く〝病気〟を治して
帰ってきて
もらうために
根性見せないと！

そ、
そうだよな…
よし…

カスミさん！
もっとお金のこと
俺に教えて
ください！
SPORTS BAR
DREAM
当然よ！
バシバシ
叩き込むわよ！

おい
坂井〜

このデータじゃ
わかりにくいよ
もっと
こうさ〜
す、
すいません…

う〜〜〜
心入れ替えたからって
全てが上手く行く
訳じゃないよなあ
ハルカの弁当が
恋しい…

こういうときは
サッカーの
DVDでも見て
テンションを
上げるのが
いちばん…
カチ
カチ
カチ
カチ

小さなお金の
使い方は
〝投資〟〝消費〟〝浪費〟
の3つに
分けられるの
そしてまずは
浪費を減らして
いくこと!
ハッ

そんなの当たり前じゃないんですか?
それが出来なかったのはどこの誰よ
まず浪費を減らすには
買ったモノが金額に見合っていたかを冷静に
〔投資〕 買ったものの価値 > 支払った額
ビジネス英会話をマスターする
Hi BOB
Hi RYOTA
〔消費〕 買ったものの価値 = 支払った額
美味しい外食に満足
ズルズル
〔浪費〕 買ったものの価値 < 支払った額
エクササイズグッズ
たとえば使わないエクササイズグッズはあなたにとっては浪費ね そして時間を味方につけると
ぐっと判断の正確性は増すわ 買いたいものを見つけても一週間待ってみるの

それでも必要と思うなら買う
そうやってルールを決めて
みるといいわ
おお
このDVD
すげー欲しい
一週間
アレ？
なんで
あんなに
欲しかったん
だっけ？
投資・消費・浪費の
考えが身につくと
何も買わないのが
必ずしも賢いとは
言えなくなってくる
自分にとって
何が必要かを
見極められる目を
養う事が大事
なのよ

そういえば
先週注文した
ユニフォーム
自分で思ってた程
欲しい物でも
無かったんだよな
パタン
今回は
やめとくか

給料日
先月がんばって
残業したから
けっこう給料
いいな！
これなら
少しくらい
贅沢しても…

貯金で大切なのは収入を〝2(貯金)…6(生活費)…2(自己投資)〟に分けること
わっ
先に貯金分の二割を抜いておくと残りのなかでやりくりしやすいよ
ヒョイ
2人以上の世帯が貯蓄に回す金額は平均で〝年収の8%〟
それが2割まで上げると5年で年収分の貯金ができる!
手取り月収
30万円
貯金
6万円
自己投資
6万円
生活費
18万円
6万円
×
12ヵ月
×
5年
5年間で
360万円
いやいややっぱり贅沢はできないな
ポン

キュッ
キュッ

よし
出来た
レシート
ボックス！

2割を貯蓄に
まわすためにも
小さなお金の
コントロールに
欠かせないのが
家計簿！
記録しないと
使途不明金が
増えるからね！
〝お金の生活習慣病〟
の最大の原因は
使途不明金といっても
過言じゃないのよ！

月末に
計算するときは
10円20円単位で
細かくつける
必要はない
面倒なら
1万円単位で十分
項目もおおざっぱに
10項目に分ければいい
…っと
計算作業は
月末に一度で
OK！

簡単な家計簿のつけ方

①クリアファイルなどで10個の分別ができるボックスを作る

〈10項目内訳〉

- ・住居費
- ・食費
- ・交際費・レジャー費
- ・水道光熱費・通信費
- ・教育費・自己投資
- ・衣服費・理美容費
- ・保険料
- ・税金(所得税・住民税・社会保険・雇用保険)
- ・クルマ関連費(ローン・駐車場・ガソリン)
- ・その他

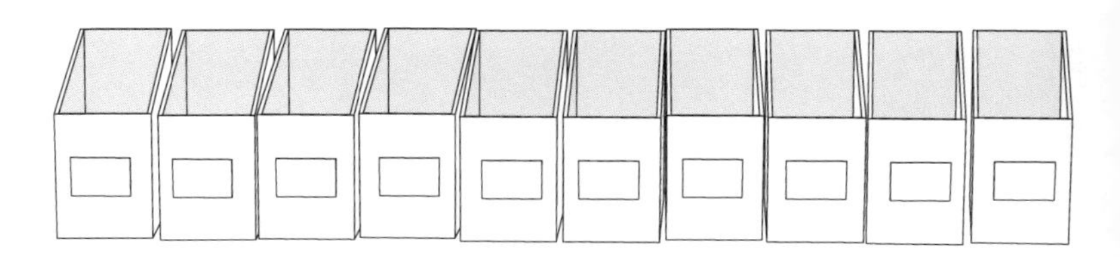

②項目ごとにレシートをため月末に集計
(1万円未満はすべて四捨五入で十分)

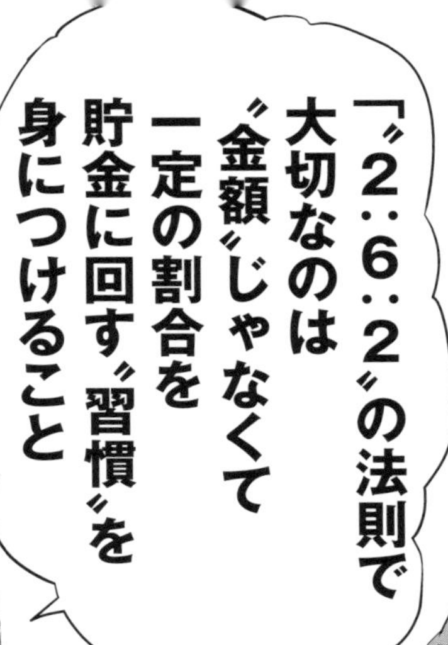
うっ 生活費厳しいな
少しくらい比率を崩して生活費を増やしても…
「〝2：6：2〟の法則で大切なのは〝金額〟じゃなくて一定の割合を貯金に回す〝習慣〟を身につけること

チラッ

…いざとなったら手持ちのサッカーグッズを売ろう…

しかし思った以上に交際費・レジャー費にかけてたお金が多かったな…
平田のペースにつられて相当無駄遣いしてたんだ俺…

家計簿は会社の
財務諸表でいうなら
〝損益計算書〟ね

家計簿をつけると
毎月どれくらい
お金を貯められているか
無駄なお金を使っていたか

お金の問題を
真剣に考えることが
できるわ

	1月	2月	3月
収入			
給与収入	30	32	31
証券収入	0	0	0
不動産収入	0	0	0
その他収入	0	0	0
収入合計（Ａ）	30	32	31
支出			
住居費	9	9	9
食費	4	4	3
交際費・レジャー費	3	4	4.5
水道光熱費・通信費	2	2	2
教育費・自己投資	1	1	1
衣服費・理美容費	1.5	2	1
保険料	1	1	1
クルマ関連費（ローン・駐車場・ガソリン）	0	0	0
税金（所得税・住民税・雇用保険）	4.5	4.5	4.5
その他	2	4	2
支出合計（Ｂ）	28	31.5	28
純収入			
純収入（Ａ―Ｂ）	2	0.5	3

毎月必ず作成！

損益計算書

〈預金通帳のチェックポイント〉

CHECK！

使途不明金はないか

CHECK！

家賃の支払いは
毎月同じ日か？

CHECK！

残高はしっかり
増えているか？

CHECK！

毎月お金の使い方が
大きく変動していないか？

お金の見直ししてなかったらどうなってたんだろう
過去の自分が恐ろしく思えてくるな…
銀行
STOP!!
振り込め詐欺！

リサイクルショップ
なんでも買い取り
ん？
あんな所にリサイクルショップなんてあったかな？

あ、これ欲しかったんだよな
アナゾンで探した時は結構高くてやめたんだけど…
安いなこれ
お掃除ロボ
29,800yen

あれ？そういえば何で俺いつもアナゾンで買ってるんだ？
何となくアナゾンだから安いんだろうってろくに考えずに買ってたな…

こうやって自分の足と目を使って
近所の安い店探しておくのもいいな
そーだ駅前にも似た店があったな
あっちの方が安いかもしれないぞ！行ってみるか！

数日後

ハア…
ハルカ!!

良ちゃん…

ハルカ ごめん
俺が悪かった！
バッ
お前が不安に思うのも
当然だったよな

俺今まで
お金について
何にも考えて
いなかった
でも心を
入れ替えたんだ！

そんなの
口だけかも
しれないし…

これ！
見てくれ
サッ
？

何…？
家計簿アプリ？
こんなの
あるんだ…
今お金のこと
勉強してるんだけど
家計簿はお金の地図
なんだって
俺はその地図を持って
ハルカと子どものいる
幸せな生活を
歩んでいきたい！

ハルカと
これから
生まれてくる
俺たちの子どもに
誓うよ
預金通帳は
俺の人生
そのものだ
毎月君も
確認してくれ
何アレ…
さあ…
給料の2割を
貯金に回すって!!
……
じ～ん
良ちゃん…
良ちゃん!
バッ
ハルカー!!

じゃあ家計簿を続けてるし
2：6：2の法則も守れてるわけだ
キュッ
キュッ
そうなんです！浪費も減らせてるし
奥さんと仲直り出来たし万々歳ですよ！
お金っていうのは階段と似ていてね
階段…ですか？
〝お金の階段は一方通行〟
稼ぐときは地道に一段ずつだけど…
使うときは一気に飛び降りる！
せっ せっ せっ
バッ
例えば時給1000円の階段を8時間かけ上がっても収入は8000円
でも3時間飲みに行って会計が8000円だったら…また元の位置だね
とうっ!!

夫婦関係も
同じじゃないかな
信頼を積み上げていくのは
一段一段地道だけど
失うのは一瞬だから
でもお金の生活習慣を
治せた今の坂井くんなら
奥さんとまた愛の階段を
一段ずつ上って
いけるんじゃない？
はい！
任せて
ください！
良ちゃん
遅い!!
さては
また飲みに
行ってるな…

Chapter 1

解　説

Chapter 1

「小さなお金」の使い方

「小さなお金」とは食費やレジャーなど生活全般に関わる日常的な支出。「大きなお金」とは、マイホームや車、保険などおおよそ総額100万円を越える商品への支出のこと。収入以上にお金を使ってしまうような「お金の生活習慣病」から抜け出す第1歩として、まずは「小さなお金」の正しい扱い方から身につけましょう。

解説

◆「投資」「消費」「浪費」の判断

当たり前のようで実際には難しい**「浪費の削減」**。まずは〝欲しい物〟と〝必要な物〟を区別するのが第一歩。例えば、店頭でふと目に留まったジャケットを「素敵だな…」と思っても**「まずメモをとって我慢！」⬇「1週間待ってみてそれでも欲しければ買う」**というような自分なりのルールを作れば衝動買いは抑えることが出来ます。

しかし一見無駄使いに見える買い物でも、そのジャケットを着ることで仕事上の好印象が得られるなら**「浪費」ではなく「投資」**になります。大切なのは、買いたい気持ちを抑えて冷静な状態で**「自分にとっての価値」を考えてみること**です。

◆お金を貯める「2：6：2」の法則

最も大切な事は**〝貯金の習慣化〟**です。金額を増やすことより習慣化することを目指しましょう。

まずは、手取りの月収を

「2(貯金):6(生活費):2(自己投資)」に分けること

から始めてみましょう。例えば月収が手取りで25万円だとします。これまで貯金が全く出来なかった人はいつも使い切っていた25万円の生活費を15万円まで減らす事になりますので実際にお金が足りない、という場面も出てくるでしょう。

ここで大切なのは「2割」という数字の割合ではなく

決めたルールの中で毎月貯金を続けること

仮に2割貯金を5年続けられれば、5年後には現在の手取り年収分の貯金が出来ていることになります。

そしてこの「2:6:2」の法則を続けるために、欠かせないのが**家計簿**。使ったお金のおおよその流れが把握できるので削減すべきポイントが見つかります。お金の生活習慣病の最大の原因**「使途不明金」**の解消にも。「マネーフォワード」や「Zaim」といったスマホの家計簿アプリなら、銀行口座やクレジットカードとも連動可能で手軽に始められます。

今日から出来る!

「小さなお金の扱い方」を身につけるための実践ポイント。

Check 1

買いたいものが本当に必要なものか、
判断がつかなければ「時間」に任せてみる。

Check 2

貯金の目標は“収入の2割”。
あらかじめ2割抜いておくとやりくりしやすい。だけど最も大切なのは
一定の割合を貯金にまわす「習慣」を身につけること。

Check 3

家計簿(アプリでもOK!)を作成して
使途不明金を無くそう。

Chapter 2

人生最高額の買い物・マイホームは
買うべき？ 借りるべき？

「大きなお金」の使い方

仲直りして
家庭円満な日々が
戻った俺たちは
マイホーム購入を
検討し始める
ことにした

子どもが
大きくなった
後を考えると
子ども部屋も
ある程度の広さが
いるよな
家族が増える
可能性も考えると
そうね

値段を考えると
やっぱり郊外が
安いよなぁ…
でも高くても
都心に近いほうが
便利じゃない？

あっ、そうだ！
良ちゃんは
生命保険にも
入らなきゃね！
え？

家も買うし
子どもも生まれるし
大切な良ちゃんに
何かあったらと
思うと
私すごく心配…
そ、そうだな
そのうち…
ある程度
候補を絞り
実際に物件を見たり
不動産屋を
回ったりしたけど
さまざまな
要素があって
かなり悩む

わ〰〰ここ
キッチンひろーい
3180万円か！
〈ある郊外戸建新築物件にて〉
郊外新築戸建
建物面積97㎡

〈ある都心新築マンションにて〉
都心新築マンション
建物面積60㎡
すごーい東京タワーが見えるよ!
6200万円!?
〈ある郊外と都心の中間中古マンションにて〉
中古マンション
建物面積67㎡
クロスが汚〜い
3800万円か

お金の〝習慣〟を
変えたおかげで
小さなお金については
ずいぶんコントロール
できるようになったけど
マイホームは
桁が違うからな
感覚が掴めないや
…ちゃん
良ちゃん！

もう！
私の話
聞いてた？
ご ごめん
何？

んー
最後の物件は
ちょっとないよね
クロスが汚かったし
私は都心の
マンションかな
景色もきれい
だったよね～♥
そうかぁ？
6200万円だろ？
ローン審査も
通らないだろうし
最初の物件が
お手頃だろ

そんなぁ
値段が高いか
安いかだけで
判断するなんて…
安物買いの
銭失いって
いうじゃない！
ムッ

なんだよ
お前は〝広ーい〟とか
〝きれーい〟とか
ただの感想ばっかだろ
これだから女は…
!
プッチーーン
ごめんね!!
感情でしか
ものが
言えない女で…
バシ
痛っ
バシッ
生命保険のことも
考えなくていいよ
夫でもない人が
生きようが
死のうが
どうでも
いいもんね
プンプン
しまった…
また怒らせた
そもそも家は
どうすれば
良いんだ?
買ったほうが得なのか?
借りたほうが得なのか?
新築なのか?
中古なのか?
戸建か?
マンションか?
何が正解なんだー!?
アアアア アア……

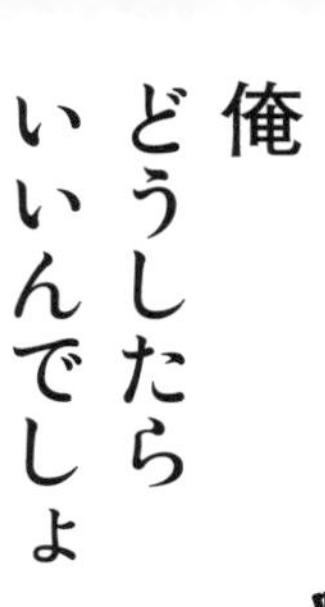
俺どうしたらいいんでしょ

いや、突然言われても何が何だか…

じつはこの前…
ふんふんなるほど
Energy

じゃあ今度は**大きなお金**の使い方についてね

大きなお金っていうのはつまり100万円以上のものについて使うお金のことだけど
頻繁に使うような金額じゃないから冷静な判断が出来なくなってミスを起こしかねないわ
たしかに家なんて一生にそう何度も買う機会がないもんなぁ…

例えばスーパーで300円の惣菜を1割引で買うことにこだわる人が

4000万円のマンションを買う時は定価で買ってしまったりするの

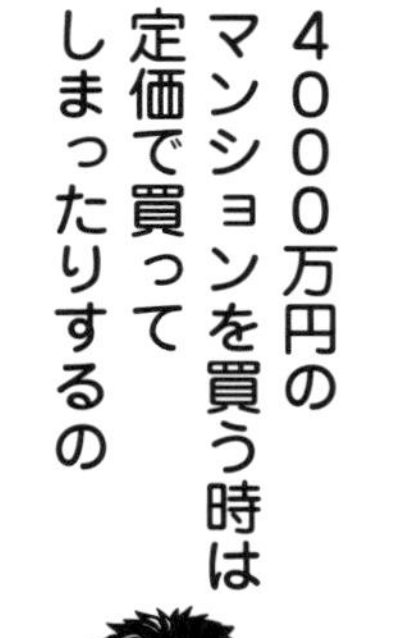

4000万円を1割引で買ったら400万円もうくのよ年収に匹敵する額のお金が節約できるわ

あと人生でもっとも大きなお金を使うマイホームの購入ならではのポイントもあるわ
そもそも聞きたいんですけど
家は買うor借りる?買うなら新築or中古?戸建orマンションか?何が正しいんですかぁ!?
その質問の答えはね
答えは?
わからないわ
は!?

本当に
わからないのよ
地域や
物件によって
違うもの
マイホーム
買いたいの？
妻は
買いたがってます
ただ俺も
賃貸の家賃が
もったいないと
思っています
ハァ…
じゃあやっぱ
買わないで
借りたほうが
いいのかな
それこそ物件によるのよ
ローンで買うと
もともとの購入価格より
高くなるしね
僕の給料じゃ
一括購入なんて
できませんよぉ

だからポイントは
あるって
いったでしょ
どっ
どんな!?

30年後の資産価値を考える

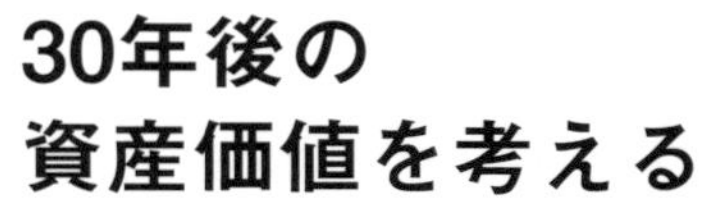

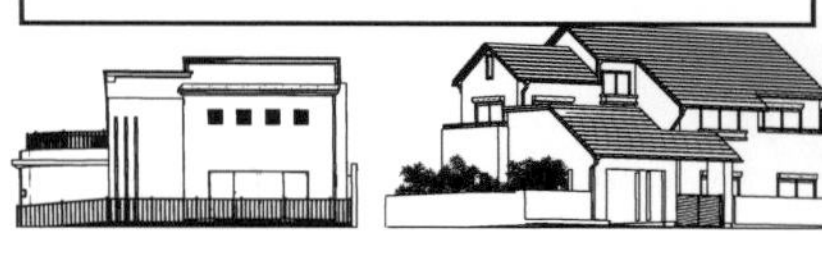

人気地区の物件 4000万円	郊外の広い物件 4000万円
30年たつと	30年たつと
3000万円	1480万円
1000万円ダウン！	2520万円ダウン！

30年後の資産価値は1520万円も違う！

それはね
30年後でも資産価値があるか

そして
購入検討物件が想定家賃の２００倍以内か

すると
最初に行った
郊外の物件は
安くて広かったけど
最寄駅まで徒歩15分
その最寄駅は
再開発の話もなさそうだし
30年後に需要があるかは
微妙かもしれない

最後に見た
築浅中古マンションは
最寄駅まで徒歩7分
ターミナル駅にも
近いから需要は
安定してそうかな

そうそう
その調子
パチパチ☆
あ もう一つの
想定家賃の
200倍っていうのは
どういうことですか？
その家の
購入価格が貸し出した
場合の想定家賃の
200倍より安ければ
買いってことね
200倍

※利回り計算方法
年間想定家賃÷物件価格で求められます

物件価格1000万円とした場合

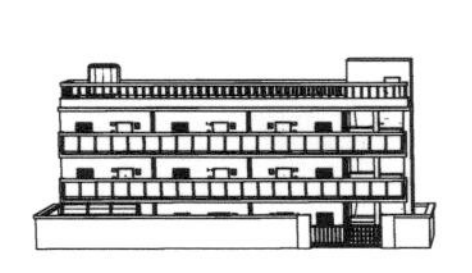

年間家賃収入60万円
＝利回り６％

年間家賃収入100万円
＝利回り10％

利回りっていうのは
もし物件を貸賃に出した場合
家賃収入はどれくらいかを
客観的にあらわした
数値なんだけど

利回りの数値で
その物件の本来の価値が
わかるの

物件を資産と考えた場合
物件自体の稼ぐ潜在能力を
知りたくない？

一般に新築マンションの
利回りは地域にもよるけど
３～４％ね　でもそれが
築１年の中古マンションになれば
購入価格が下がるからその分
利回りが上がって５～６％になる

利回りが６％あれば
今の銀行金利から見て
割安物件といわれているわ

利回りが
６％になる基準……
それが購入価格が
想定家賃の
２００倍以内か
どうかなのよ

ある物件の利回り比較の図

「相場家賃２０万円の物件」

家賃収入　２０万円×１２か月＝２４０万円

新築5000万円	240万円(家賃収入)÷5000万円(投資金額)＝4.8%(利回り)
一年後4500万円	240万円(家賃収入)÷4500万円(投資金額)＝5.3%(利回り)
中古4000万円	240万円(家賃収入)÷4000万円(投資金額)＝6%(利回り)

これで奥さんと
仲直りできそうね

しゅん…
まだ何か
あるの？

奥さんは俺に
生命保険も
入ってもらいたい
らしいんですけど…
ふーん
あのね
結論をいえば
住宅ローンで
家を買ったら
生命保険は
入らなくていいの

え!? それじゃあ
僕に何かあったときに
家族が…
30歳男性が
10年以内に死亡する
確率は0.86％よ

生命保険っていうと
支払いが月額2万円
だったりするから
年額にしたら
24万円にもなる
たとえば
30歳から65歳まで
払い続けたとしたら
24万円×35年
＝840万円！
保険はマイホームの
次に高い買い物とも
言えるわね

ビュウウウ〜
ママ寒いよ〜
ゴメンね〜お家もう無いのよ
そうだけどもしローンの支払い途中でなにかあったら…
住宅ローンを組むときには自動的に「団体信用生命保険(団信)」に加入するわよね
アリガトー良ちゃん!!
アリガトーパパ〜
契約者が死亡しても保険金によってローン残高は全額返済されマイホームという財産が家族に残るわ
だから「もし僕が途中で死んだら」なんて心配は無用

むしろリスクが怖くて入るなら損害保険ね
ドンッ
キキ〜ッ
例えば働き盛りのサラリーマンを自転車ではねた場合
賠償額は数千万以上になる事もあるから

なるほど!ありがとうございます!早速帰って話し合います!
ここまできちんと考えていれば妻に許してもらえそうです!
ガタッ

大丈夫なのかな…
さあ…

はい
ではこれで
契約成立ですね
坂井良太

ローン審査も
クリアし
けっきょく僕らは
築浅の
中古マンションを
購入することに
決めた
最終的に
決め手になったのは
地域や駅からの近さで
30年後も値落ちの
可能性が低く
購入額も想定家賃の
２００倍以内だったからだ
…
これらの理由を
ハルカにきちんと説明したら
クロスの汚さも
安いリフォームを
入れることで
納得してくれた

な、何…？
エヘヘ

良ちゃん
家のこと
一生懸命
考えてくれて
ありがとう！

グッ
オウッ
任せろ!!

じゃあ全て
上手く
いったんだね

ええ！
家を買って
いっぱしの資産が
手に入った感じです！
フフフ…
絶好調だね

注意すべき点は３つ

1. 資産は計算する時点での売却額（＝時価）を数値化する
（パソコン、株、マイホーム、自動車など…）

2. 借金は返さなくてはいけない額すべてを乗せる
（住宅ローン、自動車ローンなど）

3. 見えない資産
（年金、保険、財形貯蓄なども見つけ出す）

資産ー借金＝純資産

まあ
引退後に
お金の事では
色々苦労した
からね
あ…
子供の頃から
ずっと
サッカー一筋の
世間知らずだったから
キュキュ
最初は
右も左もわからず
途方にくれたけど

スポーツ好きな人達が
気軽に語り合える
ような場を
作りたくて
諦めずにお金について
少しずつ
勉強していったんだ

その甲斐あって
ようやくこの店を
持てたというわけさ
ジ〜ン
寺島さん…

やっぱり
寺島さんは
俺のヒーローです！
カッコイイっす!!
そんな
大げさな…
坂井君も今から
お金の教養を
身につけられれば
将来の不安に
備えられると
思うよ

順調に
増えてるし
このまま
貯蓄を続ければ
将来安心です！
ハハハ

甘ーい!!
わっ

今の時代
それだけじゃダメ!!
カ カスミさん
いつの間に…

お金が貯まったら
次は……
お金に働いて
もらうべし!!

お金に
働いてもらう〜？

❖
Chapter
2

「大きなお金」の使い方

人生でそれほど頻繁には機会のない「大きなお金」を支払うタイミング。マイホームやマイカー購入、生命保険……普段不慣れな金額だからこそ判断を誤ることも。大きな買い物で失敗しないために大切なこととは?

解説

◆3つのポイント「絶対額」「支払い総額」「本当の価値」

例えば5000万円のマンションを定価で買えば5000万円。でも**1割引で買えば**金額が大きい分**500万円も得**することになります。浮いたお金で車だって買えますよね。同じ1割でも、スーパーの食料品の1割引とは金額がまるっきり違ってきます。この**「絶対額」**を意識しないと、**人生最大の買い物のタイミング**で大きな利益を得る機会を逃したり、あまつさえ損をすることもあります。

「支払い総額」とは、例えば〝人生でマイホームの次に高額な買い物〟と言われる保険の場合、月額1万円の保険料を40年払い続けたら総額480万円になります。**月1万円の支払いで、480万円の商品を分割払い**しているようなものです。もちろんその保険が自分にとって価値のある商品ならそれも良いでしょう。

ここにあげたマンションや保険のような「大きなお金」が動く商品は**「本当の価値」**の見極めがより重要になります。

◆マイホームを巡る「家賃の200倍以内」&「30年後の資産価値」

マイホームは**「買う？　借りる？」の選択**の前に、**「借りた方が得な物件」「買った方が得な物件」が存在する**、という事実を知ることが大切です。その判断の決め手の一つとなるのが

「家賃200倍の法則（利回り6％の法則）」

物件価格に対して家賃収入が年間どれくらいになるか、という数値を〝利回り〟といいます。この数値が**年6％を超えれば好条件**の物件といえるでしょう。**「購入価格が想定家賃の200倍」に収まればおおよそ「利回り6％」**となります。

そして利回りと並ぶもう一つの大きな指標が

「30年後の資産価値が現在価格の7割をキープすること」

です。4000万円で購入したマンションの資産価値は4000万円ではありません。**売却できる価格が資産価値**です。購入価格だけでなく**30年後**にその物件がどれくらいの「資産価値」を持っているのか……30年後の価値は誰にもわかりませんが、判断の基準となる数字があります。それは、そのエリアで現在売りに出されている新築物件の平均坪単価を求め、築30年の物件の平均坪単価と比べることです。築30年の物件が新築物件の7割の価格をキープできるエリアであれば、**そこは価値の下がりづらいエリア**と言えるでしょう。それと「利回り6％の法則」を合わせて判断すれば「借りた方が得」「買った方が得」がはっきりと見えてきます。

マイホームのような大きな資産を手に入れたら、最低でも年に一度は**「貸借対照表」**を作成して**「資産ー借金＝純資産」**を確認する事がオススメです。

今日から出来る!

「大きなお金の扱い方」を身につけるための実践ポイント。

Check 1

大きな金額の買い物ほど
「絶対額」を意識する。

Check 2

マイホームは“買う? 借りる?”という選択の前に、
「借りた方が得な物件」「買った方が得な物件」という
視点を身につける。

Check 3

最低でも年に一度は「貸借対照表」を作成して
自分の「純資産」を把握する。

❖

Chapter 3

お金を増やす「5つの島」の歩き方

現代では
お金に
働いてもらって
お金を稼いで
きてもらう
これが鉄則よ!!

でもそれって
株に手を出せって
ことでしょ?
ヒイイーッ
せっかく
貯まり始めたお金を
危険な目に
あわせたくないなぁ

資産運用は
株だけじゃないわよ
パップー
たしかに
リスクはあるわ
うわああーっ
ただしあなたが
病気や事故になって
給料収入が
得られなくなる
リスクだって
あるわよね?

ビュウウウゥ…
給料だけに
収入を頼るのは
崖の上から
一本のロープで
つながっている
状態ね
どんなにロープが
太かろうと
切れたら
真っ逆さまよ
ブチッ
うわあっ
そのとき
投資という
もう1つの
収入源を
持っていれば
それが命綱になって
急激な落下を
防いでくれる
プラ〜ン
ナルホド
肝心なことは
投資のリスクを知り
お金や経済に関する
知識を高めたうえで
リスクを
回避できる
資産運用を
していくことじゃ
ないかしら
たしかに俺の給料だけじゃ
心もとないかも…
絶対クビにならない
自信もないし
坂井君
残念だが…
明日から
来なくて
良いよ
ポン
この先何があるか
わかんないもんなぁ

それに定年退職した後の老後の生活費もバカにならないものね
ハー
え？ 年金があるじゃないですか
そうね でも一般に老後に夫婦２人が暮らしていくのに
最低限必要な生活費は月22万円
年間で約264万円

ゆとりある生活のためには月34万９０００円！
年間で約419万円
そんなに！
それなのに夫婦合計の厚生年金受給額の平均が月20万９２６円年間で約２４１万円よ

最低限の生活費も今の年金額じゃ足りないのか…
ズシ…
そうね ゆとりある老後ならば残り月14万８０００円年間約１７８万円必要ね
定年退職から20年間生きると３５６０万円は必要になってくる

しかも医学の発達は
日進月歩してるもの
現在の平均寿命を
超えて
生きていくように
なるかもしれない
となると
これらのお金を全部
退職金では賄えないし
貯金に頼ると大変よね
まだまだ
元気!!
だからこそ
資産運用という
スキルが
必要なのさ!
ヒョイ
寺島さん!!

例えば坂井くんは
今 運用に回せる
お金は
どれ位ある?
がんばって…
50万円くらい
ですかね

じゃあ仮に
その50万円を
年5%で運用
していくと……

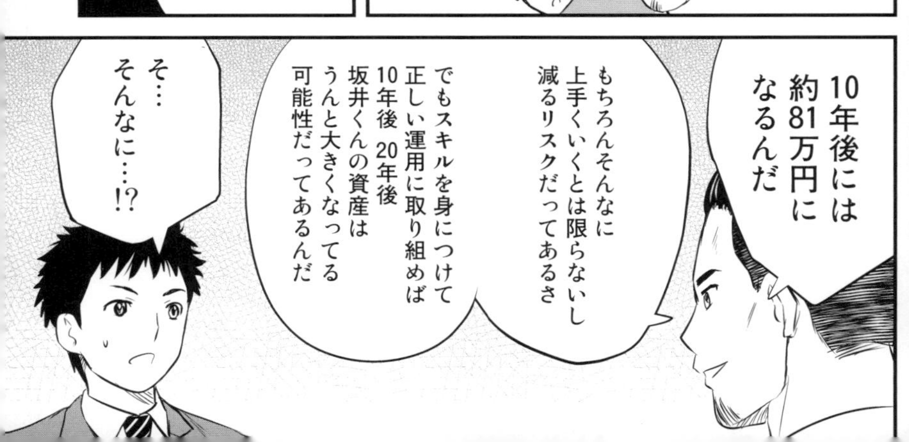
10年後には
約81万円に
なるんだ
もちろんそんなに
上手くいくとは限らないし
減るリスクだってあるさ
でもスキルを身につけて
正しい運用に取り組めば
10年後 20年後
坂井くんの資産は
うんと大きくなってる
可能性だってあるんだ
そ…
そんなに…!?

た 大変じゃないですか！
こんなことしてられない！
バッ

早く投資を始めなきゃ！僕帰ります！
ダダダッ
えっちょ…

もう行っちゃった…
投資の話にはまだ続きがあるのにな

勢い良く飛び出したものの
投資ってどうすればいいんだ？
ハア
ハア

おーい良太！どうしたんだよ慌てて
平田！
……!!!
バタバタバタ
なになに…？将来のことを考えるなら投資は絶対やったほうがいい…

そう思ったら
いてもたっても
いられなくなったと…
コクコクッ

ぐいっ
なぁんだ
奇遇じゃないか！
ちょうどいい話を
仕入れてきた
ばっかりなんだよ！

平田ぁ

数週間後

ズーー

それで友達に
勧められるままに
何にも考えず
先物取引に
手を出した挙句
売り時期を間違えて
貯金を溶かし
ちゃったわけ？
コクッ

アハハハハ
そうなんです… 平田は 結構儲けたみたい なんですけど…
俺は… 俺は…っ

フゥ
バカねぇ 投資の話には 続きがあったのに
途中で 飛び出し ちゃうから…
続き?

増やし方の 習得には時間が かかるから 焦らないこと!

いい? 世の中には お金が流れつく 島があるの
不動産
株
商品
債券
為替
何だ何だっ?
……
INVESTOR QUEST
バーン

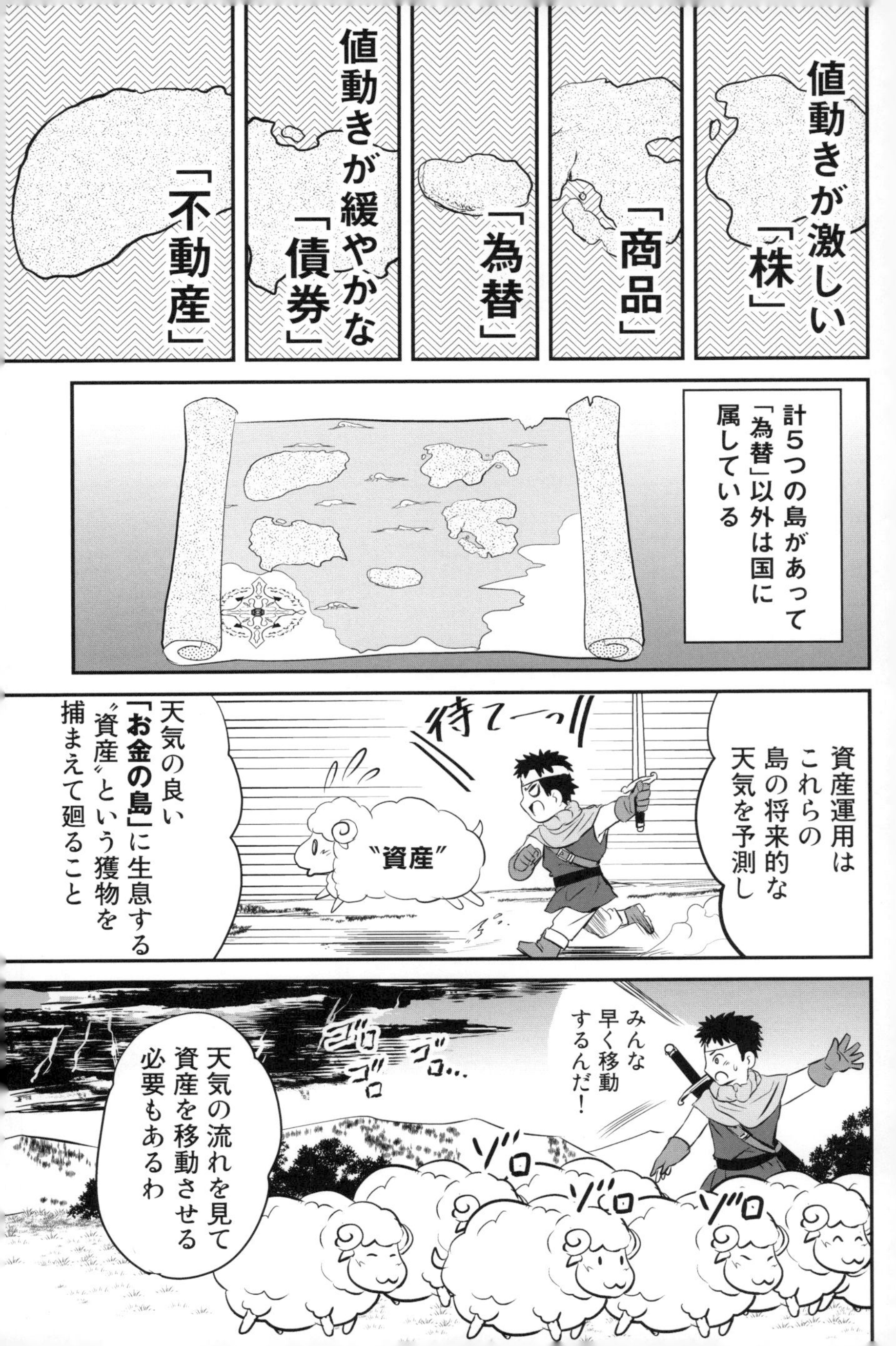
値動きが激しい
「株」
「商品」
「為替」
値動きが緩やかな
「債券」
「不動産」
計5つの島があって
「為替」以外は国に
属している
資産運用は
これらの
島の将来的な
天気を予測し
待てーっ
"資産"
天気の良い
「お金の島」に生息する
"資産"という獲物を
捕まえて廻ること
みんな
早く移動
するんだ!
ゴロ
ゴロ
ゴロ…
天気の流れを見て
資産を移動させる
必要もあるわ
ゾロ
ゾロ
ゾロ

株の島

株の島は天候の変化が激しいの
向こうは天気が良さそうだ
株価は半年後を予見して動くといわれるから近未来が輝いていると思われれば株価は高騰するし

ザーッ
急に振ってきた
近未来が暗いと思われれば株価は暴落するわ

天候は激しいものの比較的予測が立てやすいの
ザーッ
でも株って1日中パソコンの前に張り付かなきゃならないんでしょう？仕事があるから無理…

それは秒速で短期取引を繰り返すデイトレーダーだけ君みたいな勤め人は**中長期の運用**を頭に入れたほうがいいかもね
パアア…
おおしっ

それと1社の株じゃなくて複数の株の詰め合わせを買う投資信託もあるわ
うわ〜死んでしまった
ま まだいっぱいいるからいいか
投資信託ならそのうちの1社の株価が下落しても全体への影響は少ない

期限までに商品を買ったときよりも高く転売するか売ったときより安く買い戻せば利益が出る仕組みよ

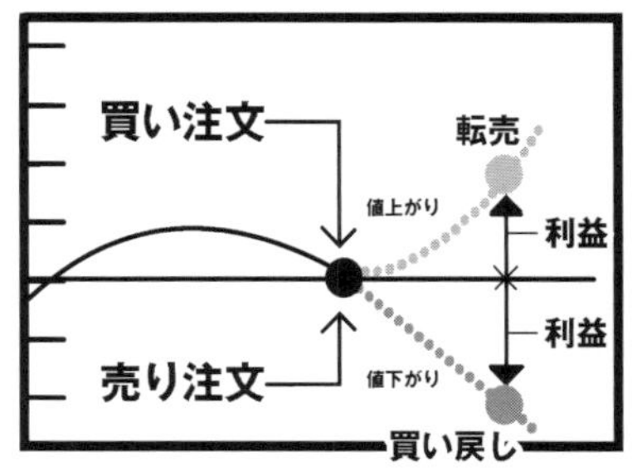

たとえば
化粧品だと
金が美肌に効くって
配合されることも
あるんです
その開発情報を得て
金を買ったら
インサイダーで
捕まりますか？
呆れた！
あんた
そんなことも
知らないで
先物取引に
手を出したの!?
ギュ～～ッ
すみません！
焦ってて…

まあこれから
勉強すればいいよ
先物は株と違って
とても大きな
マーケットなので
一企業の
商品開発レベルでは
影響しないとされてる
だから
インサイダー取引の
規定がないのさ
一杯
どう？
本職で得た
知識や情報も
活かせるわけだ
ああ
お優しい
ふん

次は為替ね
「為替」の島
為替とは一般的には
FXの名で
知られている
外貨証拠金取引！

それに各国が
定めた政策金利！
日本円の場合は
年換算で
0・1%の
利子がつくけど

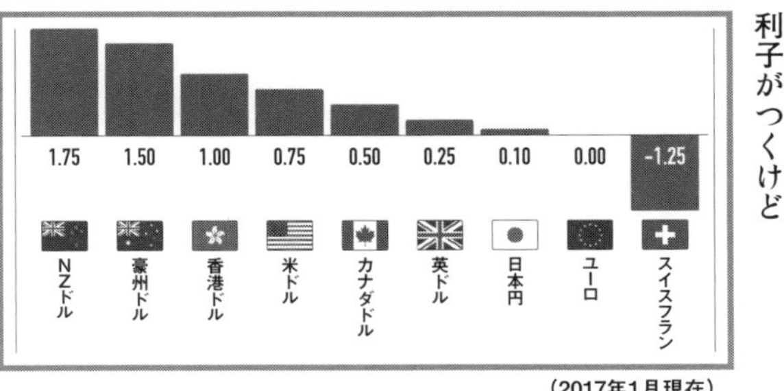

（2017年1月現在）

ドルは同0・75%
英ポンドは同0・25%
の利子がつくの
この利子目当ての人も多いわ

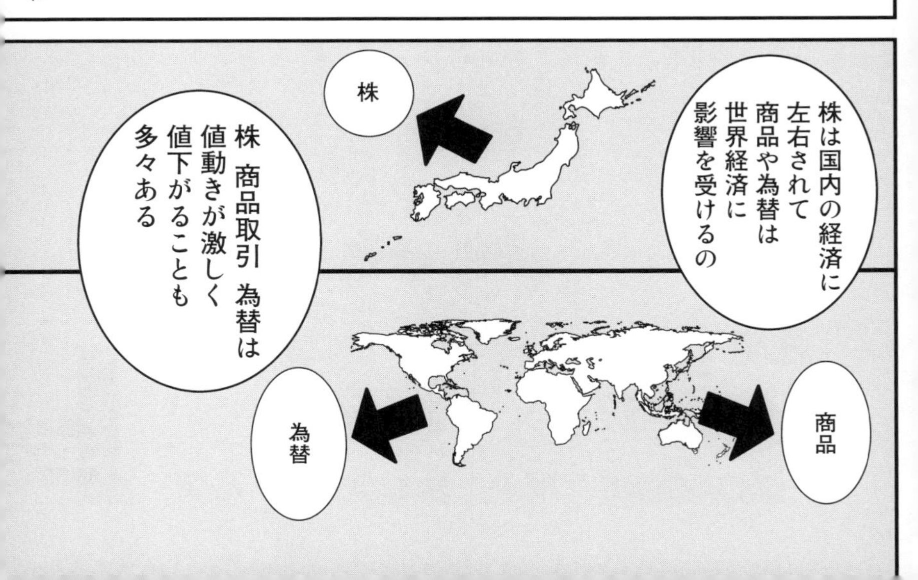

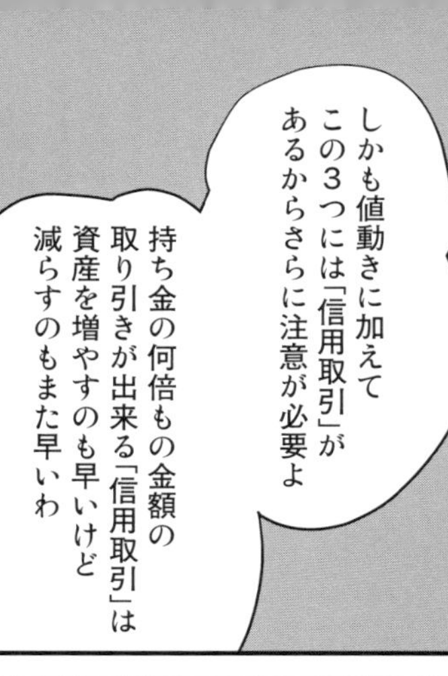
しかも値動きに加えてこの3つには「信用取引」があるからさらに注意が必要よ
持ち金の何倍もの金額の取り引きが出来る「信用取引」は資産を増やすのも早いけど減らすのもまた早いわ

含み損が生じている投資商品を売って
株 ×3
為替 ×25
商品 ×30
損失額を確定させる損切りができないといけないの

次は値動きが緩やかな不動産と債権の島ね
不動産の島
不動産の島は土地高騰のバブル期は売買で儲けるのが中心だった

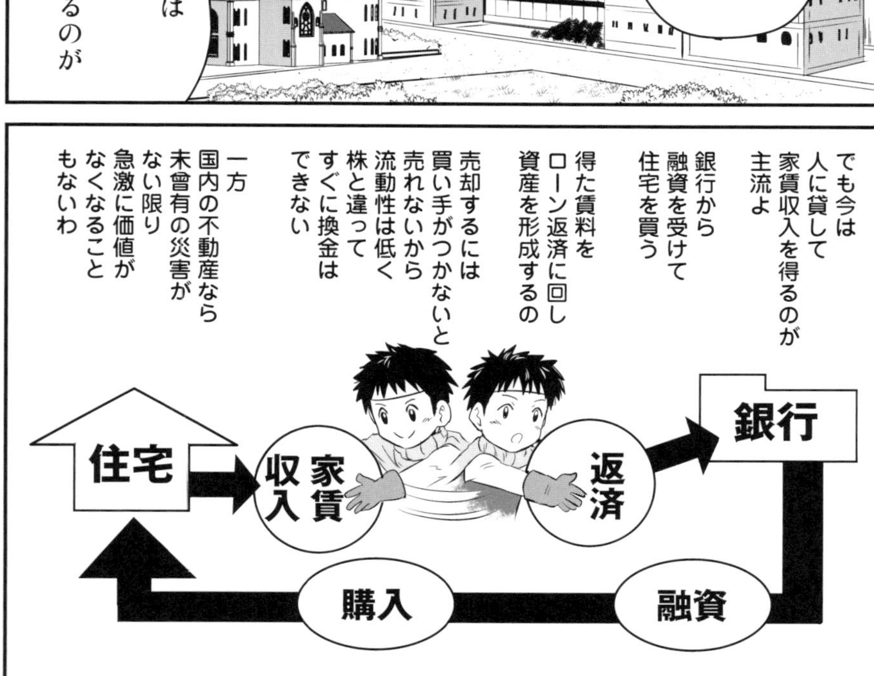
でも今は人に貸して家賃収入を得るのが主流よ
銀行から融資を受けて住宅を買う
得た賃料をローン返済に回し資産を形成するの
売却するには買い手がつかないと売れないから流動性は低く株と違ってすぐに換金はできない
一方国内の不動産なら未曾有の災害がない限り急激に価値がなくなることもないわ
住宅
家賃収入
返済
銀行
融資
購入

でも不動産なら
ワンルームだって
数百万円は
しますよね
住宅ローンを
組んでいる僕が
手を出すには
ちょっと…
うーーん

そんな人のために
REIT(リート)があるの
REIT?

多くの投資家から
お金を集め
複数の不動産を購入し
家賃収入や売買益を
分配する仕組みね
証券口座で
売り買いでき
流動性も高い
数万円から
投資できるものも
あるの!
それなら
僕にも
できるかも!

最後は債券ね
債券というのは国や地方公共団体
企業などが広く一般の投資家から
資産を調達するために発行しているの
株と目的は同じだけど
あらかじめ表面利回りや
償還日が決められて
いる点が違いね
基本的に
債券の島の
天候は
穏やかよ
ザザーン…
だから
他の島の天候が
悪いときは
皆ここの島に
集まるの
債券の島

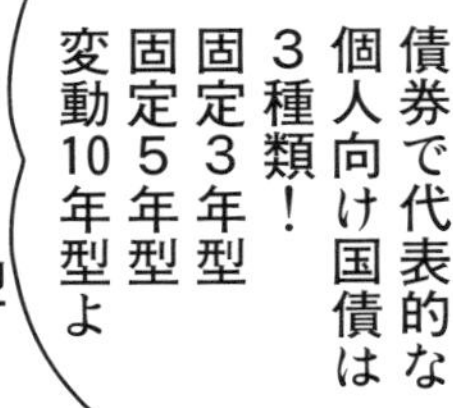
債券で代表的な
個人向け国債は
3種類！
固定3年型
固定5年型
変動10年型よ

変動10年型
固定５年型
固定３年型

株と違って
償還日まで
売却しなければ
元本は保証される
金利を銀行より
少しでも多くつけたい
そんな慎重派の人は
国債が向いている

でもリスクは
あるん
ですよね？
リスクは
銀行預金だって
あるわよ！
ペイオフって
聞いたことあるでしょ？

だったら銀行が
潰れるよりも
日本が潰れる
リスクのほうが
低いじゃない
だから国債は
もっとも手堅い
資産運用と
言える
ど、どうやって
買えば…？

銀行やゆうちょ、証券会社で販売時期に申し込むと買えるわ

購入手数料はかからないけど途中解約するとわずかに手数料がとられる

購入後１年は売れないのも注意よ！

	資金効率	値動き	安全性	資金の流動性
株	○	○	△	◎
商品	◎	◎	×	◎
為替	◎	◎	×	◎
不動産	△	△	○	×
債券	×	×	◎	△

それと資産運用をするには４つのステージがある

まずは自分に投資して資産運用の勉強をすること
投資する前に経済について学ぶことは必須！

知識がついてくるとひとつの経済の出来事がほかの経済の出来事にどのように影響しそれが私たちの生活にどう影響を及ぼしているかわかってくる

そうすると投資にも実感が持てるようになるのよ

（１）自分に投資する

（２）得意分野を見つける

（３）得意分野に集中投資する

（４）資産を分散する

じ～っ

……

プァーーン…

ガタン
ゴトン

ラーメン

ん
度重なる
原材料費の値上げに
〇月×日より
値上げさせて
いただくことに
なりました

小麦が高騰か
度重なる
原材料費の値上げに
〇月×日より
値上げさせて
いただくことに
なりました

戸方駅(南口)

駅の再開発も始まったな
周辺の賃料が上がるかもしれないな

今まで何となく通ってた道も
こんなに情報に溢れていたんだな

ただいまー

さてと…

自分に向いている運用方法を見つけるには自分のお金をほんの少しでもいいから実際に運用してみることが大切よ
ゴクッ
最初は3万円くらいからかな…

お
○○社、△△社との
提携を発表
あそこの会社とあそこの会社が事業提携か！
オーストラリアで大量のコアラがうつ病に…
カンガルーの体調にも影響が…
チチチ…
しまった！豪ドルがまた下がってる！
経済ニュースを見たり新聞の経済面を読んだりするのは楽しいけど
海外の情報には反応が遅れちゃうな
どうやら自分には株が向いているみたいだ！
…
得意なところが見つかったら今度はそこに集中投資をする
狭く深く勉強することで専門知識もついてくるから正確な判断ができるようになるの

SPORTS BAR
DREAM
最近株がわかってきて楽しくて！
それに投資に興味を覚える前とは世界がまったく違って見えるんです
それはよかったね

ここから先は100万円くらいのまとまったお金が出来たら色々な運用にトライして
例えば株が上手くいきそうなら他にも分散してリスクを軽減しつつも株を重点的に動かすんだ

そうして資産が300万円くらいまで増えたら
そこで一層株に集中して投資する

それぐらいまで増やせたなら得意な運用ということだね集中しても失敗するリスクは少ないはず
やがて3000万円くらいまで増えたら今度はそれを減らさないようにするためにまた投資先を分散するんだ
………ん？

3000万円……
ズリ
ははは そこまでにはまだ少し時間はかかるかな

でもね 最もリターンの高い投資は“自己投資”だということは忘れずに
自己投資？

そう
仕事のための勉強や
資産運用を学ぶために
時間やお金を
投じること
資産運用の能力は
〝自転車の乗り方〟と一緒
身につけるまでに
時間はかかるかも
しれないけど
一度身についたものは
一生の財産になる！

今まで
カスミちゃんに
教えられる
ままだった
知識も
ポンッ
徐々に
君自身の
力になって
いくんだ

…寺島さん!!
こんばんは〜〜
二人共
じ〜ん

やっぱり
あなたは俺の
ヒーローです！
一生付いて
いきます！
ガシッ
ちょっ
寺島さんに
何してんのよ
ずるい…
じゃなくて
離れなさい！
馴れ馴れしい！

Chapter 3

解説

自分に向いている
運用方法を見つけるには
自分のお金を
ほんの少しでも
いいから
実際に運用してみる
ことが大切よ
最初は
3万円くらい
からかな…
ゴクッ

❖
Chapter
3

お金に「働いてもらう」ために

「小さなお金」と「大きなお金」の扱いが身につけば「お金の教養」の基礎はクリア。そうしてまとまったお金が出来たら、今度はお金に働いてもらって、さらなるお金を運んで来てもらうことが大切。「資産運用」と聞くとハードルが高く感じても、まずは実際に少しでも自分のお金を投資してみることから始めましょう。

解説

◆「2つのリスク」に備える。

代表的な資産運用には

「株」「債権」「不動産」「商品」「為替」の5つのカテゴリーがあります

それぞれの特徴はマンガの第3章で解説したとおり。「お金」という海に浮かぶこの5つの島のうち、**天気の良い島を予測して探し歩く**のが**「資産運用」の基本**です。「終身雇用」という言葉が当たり前で無くなった今、給与所得だけに頼って生活をすることにリスクを感じている人は多いでしょう。その上、現状の年金システムでは老後を豊かに過ごすためのお金は賄えません。**年金をあてに老後を考えることは現役世代にとって本当に大きなリスクといえます**。

その不安を解消するためには、まずは知識をつけるために勉強し、そして少額から運用してみることをおすすめします。少額であったとしても、世の中の見え方が大きく変わるでしょう。「CMが気になった企業の株を買ってみる」くらいのことからでも十分です。そうして少しずつ身につけた大きな視点と資産運用のスキルは、**「自転車の乗り方」**と同じく生涯忘れることなく「お金」の問題を解決する助けになるはず。

漠然とした「投資のリスク」を気に掛けるより、この先必ず待ち構える

「投資をしてこなかったことによるリスク」に目を向けるべきでしょう

◆資産運用のステージ

いざ**「投資」**を開始しても、たちまち大きな利益を上げる！ということは実際には難しいでしょう。山登りを始めたばかりの人がヒマラヤの8000メートル峰に挑んでも結果は見えていますよね。しっかりとした成果を上げるために、投資にも第3章で解説したように順を踏むべき「ステージ」があります。

最終的に**「集中投資」**というステージに至るころには市場や経済について大きな知識も身についているはず。もし今「投資」のためのお金が無いとしても、前準備としては出来ることがあります。それは

「自分の時間」を投資すること

通勤中にスマホでゲームをする時間を経済ニュースを読む時間に変える、お酒を飲む時間を読書の時間に変える、そんな小さなことからでも投資の準備は始められます。何より、そうやって自分を磨くための

自己投資は最も「ローリスク、ハイリターン」な投資

となるのです。

今日から出来る！

「お金に働いてもらう」ための実践ポイント！

Check 1

少額でもまずは実際に
自分のお金を運用してみる。

Check 2

もし今お金はなくとも、
準備のために世の中の動きや
空気に目を向ける。

Check 3

「資産運用なしに老後を乗り切るのは難しい」
という事実を認識すること。

「お金の教養」の
ギブ・アンド・テイク

プルルルル

おう
良太！
久しぶり
平田
ワイ
今夜空いてるか？
奢るから
今から来いよ
ワイ
ワイ
なんだか
賑やかだな
わかった
あとでな

相変わらず
景気がいい
奴だなぁ
羨ましいぜ…

良太ー！
やっと来たな！
遅いぞ
まったく！

キャッ
キャッ
ずいぶん
酔っぱらってるな
こんなに豪遊
して大丈夫か？
いーんだって
うちの会社
今期業績いいみたいで
臨時ボーナス
出たんだよ

そろそろ
お金が入ったら
すぐ使うの
改めたほうが
いいぞ

うっせーな
またウマい話が
あるんだって

とっておきの未公開株でな…
ヒソヒソ
おい お前気をつけろよ未公開株なんて危ないぞ
ダッハハッハッ
けち臭いこと言ってんじゃねーよ
この間自分が失敗したからって嫉妬はみっともないぞ

金なんて使うためにあるもんだろ?
ねーっ
お前のことを心配してんだよ

それだけじゃないぞお金にはいろいろな働きがあってだな…

カネカネうるせーよ!貧乏くさい!!
そんなに金のことが好きなのかよ!?

お金の扱い方を
知らないとな
人生を豊かに
するはずの
お金だって
凶器になるんだぞ!!
!?
つ
つまんねーこと
いう奴に
なりやがって
お前なんて
知らねーよ

なんだと!
こっちこそ
お前なんて
もう知らねーよ!
ケンカは
やめてよ～
あーもう
楽しく
飲めない奴は
帰れ帰れ!!
オロ
オロ
おう
言われんでも
帰ってやるよ!!
ガタッ

カチャ
はい
コーヒー
お
サンキュー

良ちゃん
最近勉強して
いるね
うん
年収を
上げるために俺
ITコンサルタントを
目指そうかと
思って

カスミさんの
アドバイスの
おかげで
お金の教養が
身についてきたしな

そうだ！
平田なんて
年収でも
追い越してやる！
すごい！
パパ
頑張ってるね～

坂井くん
あ カスミさん
今から『ドリーム』?
ええ
私も
……カスミさん
あの なんというか ありがとう ございます
ん?

ああ
この前の
こと？
いえ
それだけじゃ
なくて
お金のこと
きちんと考えることが
できるようになったのは
カスミさんのおかげです

ううん
私もお金で
苦労したこと
あるから…

え!?
カスミさんが？
私ね もともと
寺島さんのチームの
熱狂的な
サポーターだったの

仕事で
稼いだお金を
全部サッカーに
注ぎ込んでた
部屋も
サッカーグッズで
溢れちゃって
いたの
うっ…

そしたら
収入以上に使って
貯金も底を
ついちゃったのね
¥0
ガーン

しかも
給料が未払いのまま
働いていた会社が
倒産に
お知らせ
えぇぇ…

そんな時…
ハァ…
どうかした
のかい？

よくチームの
応援に来てくれてた
方だよね？

引退した
寺島さんの店で
お金の教養
について
教えてくれたの
そして私は
FPという
天職に出会えた！

私は寺島さんに
救ってもらった
そして今度は自分も
誰かに同じことを
したかったの

〝お金の教養〟の
最後のステップは
お金を与えること
もちろんお金そのものを
寄付したりするのも
与えるということだけど
それだけじゃない
得た知識や経験を
人に教えてあげることも
〝お金を与える〟という
ことだと思うの

すごいです
カスミさん！
いやぁ〜
偉そうに
語っちゃった
わね

じゃあ
『ドリーム』に
行こっか？

なんだ？
2人って
そんな関係
なのか？

もう
からかわないで
くださいよ
こんばんは

あ
ところで
坂井君
君の友達が
さっきから
来てるんだけど
あんな調子で…

ひっ平田!?
ぐた～
ちきしょ～

ど どうしたんだよ
そんな
酔っ払って
グイッ
良太…？
…お前のいう通り
だったわ

え？

上場寸前の
未公開株
勧められて
買っちまったが
詐欺だったんだよ！

金が入ったこと
周りに
言いふらして
たからな
悪い輩に
目をつけられ
ちまったんだよ
フラ〜
……

な
じ〜…
何だよ

お前最近
変わったよな
金も無駄遣い
しなくなったし
いい顔になったよ
!

それに比べて俺は
所詮ドラ息子だ
親のコネで
広告会社に入っただけの
しょうもない奴だ
ハァ…

だから
どんなに金があっても
どっかむなしいんだ
それでバカみたいに
使い果たしちまう…
平田…

チラッ
……

コクッ

平田 お前はお金を持ってるんだからさ お金の「維持管理」を学べばいいんだよ
お金の「維持管理」？

お金には2種類の入り方があるんだ「労働型収入」と「自動型収入」っていうんだけど
労働型収入（フロー収入）
毎月働いて毎月入ってくる収入
自動型収入（ストック収入）
労働に関係なく資産から入ってくる収入
普通は労働型収入を増やすところから始めるんだけど
お前の場合は十分な労働型収入があるんだからお金を「迂回」させて自動型収入にすればいいんだ

お金に迂回って
なんだか
ややこしいな
そんなことないさ
労働型収入にだけ
頼るっていうのは
崖から1本のロープで
ぶら下がってるのと一緒だ
ブチッ
うわっ
お前はその労働型収入を
全部使っちゃうから
何かあったときに
危なくなるんだよ

お金を迂回させる
っていうのは
ロープを増やして
欲しいものも資産も
両方手に入れる
ことなんだ
ほう…

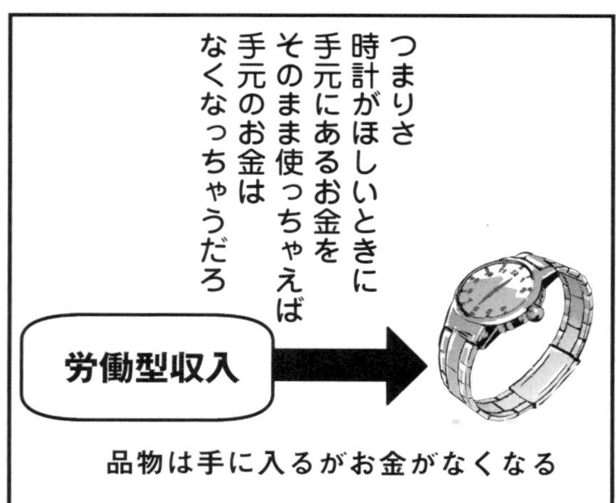
つまりさ
時計がほしいときに
手元にあるお金を
そのまま使っちゃえば
手元のお金は
なくなっちゃうだろ
労働型収入
品物は手に入るがお金がなくなる

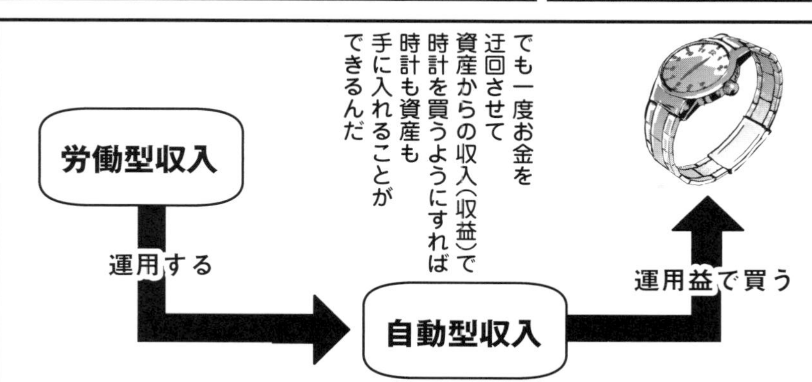
でも一度お金を
迂回させて
資産からの収入(収益)で
時計を買うようにすれば
時計も資産も
手に入れることが
できるんだ
労働型収入
運用する
自動型収入
運用益で買う
品物もお金(資産)も手に入る!

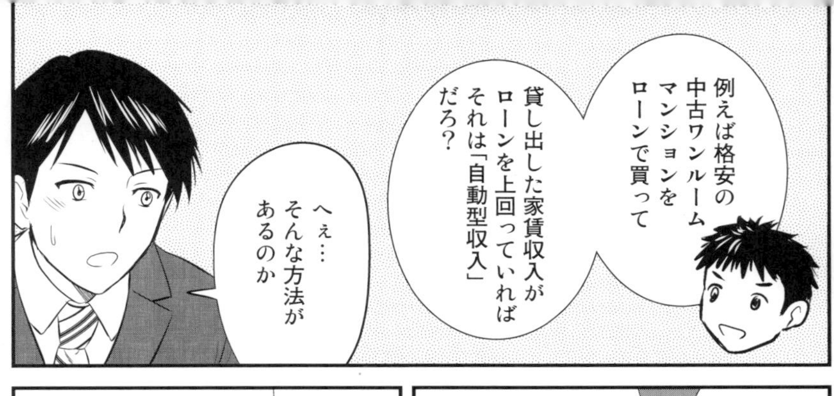
例えば格安の
中古ワンルーム
マンションを
ローンで買って
貸し出した家賃収入が
ローンを上回っていれば
それは「自動型収入」
だろ？
へぇ…
そんな方法が
あるのか

良太
ありがとうな
お前やっぱ
すげぇや
でも俺みたいな
やつが今さら
お金について
真面目に考える
なんて
恥ずかしぃよ

お金に
恥ずかしぃも
何もないよ

お前はお金と
真正面から
向き合って
なかっただけだ
俺も
ちょっと前までは
そうだったから
わかるよ

お金との
付き合い方を
学ぶことが
大切だよ
良太…

〝お金の教養〟が
身につけば
今日からでも
変われる！

そうさ
お金の教養を
身につけること
それこそ俺たちが
幸せな未来に
歩み出すために
必要なことなんだ！

Chapter 4

解　説

❖
Chapter
4

「維持管理」そして「与える」

解説

◆「維持管理」そして「社会還元」

「お金の維持管理」と「お金を与える」。

この2つの項目こそ「お金の教養」の**最終STAGE**です。宝くじの当選や遺産相続など思いもかけない大金を手にして億万長者になった人が数年後に破綻した、という話を耳にする事がありますよね。それは、稼ぐことや増やす術を見につけても

「お金の維持管理」に関する教養を見につけていなかったことが原因です。

「大きなお金」を手にしても自分を見失わないように、客観的に自分の資産状況を把握するためには、これまで学んだお金の教養を繰り返し勉強することが大切です。モノを買うときに価値に見合った価格なのか、投資なのか、浪費なのか、考えることがあなたの教養を一段と深めてくれるでしょう。

そこまで出来たら、いよいよラストステップ「社会への還元」をする準備は整ってるはず。「お金

の教養」を身につけるために得た

経験や知識をどんどん周りの人に教え与えましょう。

そうすればその人の元にはもっと大きな情報やより器の大きな人たちが集まってくるはずです。結果、お金に限らず人生において、**より大きな成果**を得ることになるでしょう。

終わりに

読み終えていかがでしたか？

ぼくも昔は主人公の良太くんと同じように「お金の教養」が乏しい人間でした。でも、良太くんと同様にお金に人一倍苦労し、悩み、試行錯誤した過去があったからこそ、お金の悩みから解放された現在があると断言できます。

「お金の教養」を身につけることに特別な才能は必要ありません。

「お金の教養」が通常の学問と違う点は、お金の知識を記憶することに意味があるのではなく、実践を繰り返し、習慣化していくプロセスそのものが「お金の教養」の本質である点です。

自分の身体で実践するからこそ、お金の教養は身体の奥深くまで染み込み、やがては習慣づいていきます。だから、お金の教養を身につけた人は、良太くんのように生活スタイルさえも変わっていきます。

そしてもう一つ、「お金の教養」を身につけると変わることがあります。それは、夢を見ることが怖くなくなることです。

ぼくがお金の教養がなかった頃は、「どうせお金がないから出来ない」と最初から諦めて、夢を見ないようにしていました。むしろ夢を見ることが怖かったのです。

しかし、「お金の教養」を身につけると、夢を実現するために必要なものが自ずと頭に浮かび、真っ直ぐ夢に向かって歩めるようになりました。なので、「お金の教養」を身につけないことは、夢を諦めることと同じ、とぼくは感じています。

たとえば、結婚して子どもを作りマイホームに住みたい、というささやかな夢であっても「お金の教養」が必要不可欠であることは、最後までこの本を読みすすめてきた読者なら、よくおわかりだと思います。また「お金の教養」があれば、叶えられるのは自分の夢だけに限りません。誰かの夢をサポートしたり、自分の子どもの大きな夢を応援することだって、できるようになります。

ぼくが学んだお金の知性や経験は、多くの方に伝え続けていくという考えの元、ファイナンシャルアカデミーという学校で多くの方に伝えています。この本をお読みくださった方に、その考え方などをお伝えしている「お金の教養講座」を無料で招待させていただきます。（詳細は www.jfa.ac/dam までどうぞ）

いい大学を出ていなくても「お金の教養」で人生は変えられます。
今、仕事でうまくいってなくても「お金の教養」で人生は変えられます。

この本を読んで、一人でも多くの方の人生が、明るく豊かなものとなることを心から願っています。

泉正人

マンガでまる分かり!
1時間で身につく
お金の教養
——貯まる法則、増える法則——

2017年2月28日 第1刷発行

著者 泉正人（いずみまさと）
作画 備前やすのり（びぜん）
シナリオ 六原三歩（ろくはらさんぽ）(中野エディット)
発行人 石原正康
発行元 株式会社 幻冬舎コミックス
〒151-0051
東京都渋谷区千駄ヶ谷4-9-7
電話 03-5411-6431(編集)
発売元 株式会社 幻冬舎
〒151-0051 東京都渋谷区千駄ヶ谷4-9-7
電話 03-5411-6222(営業)
振替 00120-8-767643
印刷・製本所 図書印刷株式会社

ISBN978-4-344-83894-9 C0033 Printed in Japan

幻冬舎コミックスホームページ
http://www.gentosha-comics.net